듀얼스토리북은
하나의 사건을 각각 다르게 경험하는
두 주인공의 이야기입니다.
한 가지 상황을 다양한 관점에서 생각해 볼 수 있도록 함으로써
아이의 정서적 조망수용능력과 공감능력,
사회·정서 문제해결력 향상을 돕습니다.

기 획 이유미

발달심리학을 전공하고, 교육회사에서 아이의 심리와 성장, 잠재력을 연구했습니다. 지금은 다양한 교육 콘텐츠를 기획하며, 아이들의 공감능력 향상을 위해 노력하고 있습니다.

글쓴이 김선민

다양한 분야의 스토리 콘텐츠를 제작하는 작가로 활동하며 답이 있는 이야기가 아닌 답을 찾아갈 수 있는 이야기를 쓰려고 노력하고 있습니다. 문학예술 강사활동을 하며 아이들과 만나기도 합니다.

그린이 신혜인

만화 관련 학과 졸업 후 프리랜서 일러스트레이터로 활동하고 있습니다. 마음속 이야기들을 그림으로 표현하는 일이 즐겁습니다. 누구나 자기답게 행복한 세상을 꿈꿉니다.

혼자서는 다 못 해

1판 1쇄 발행 2019년 7월 25일 **1판 2쇄 발행** 2024년 5월 27일

기획 이유미 **글쓴이** 김선민 **그린이** 신혜인

펴낸곳 마노컴퍼니 **펴낸이** 이유미 **편집** 한라경 **디자인** 이든디자인

등록 제25100-2018-000008호 **구입 문의** 070-7606-8585

홈페이지 manocompany.com **이메일** mano@manocompany.com

ISBN 979-11-90214-03-2 77370
     979-11-958450-3-3 (세트)

이 도서의 국립중앙도서관 출판예정도서목록(CIP)은 서지정보유통지원시스템 홈페이지(http://seoji.nl.go.kr)와 국가자료공동목록시스템(http://www.nl.go.kr/kolisnet)에서 이용하실 수 있습니다.(CIP제어번호:CIP2019024774)

*본 책은 저작권법에 의해 보호를 받는 저작물이므로 무단 전재와 복제를 금합니다.
*KC마크는 이 제품이 공통안전기준에 적합하였음을 의미합니다.

모델명 | 혼자서는 다 못 해 **제조년월** | 2024. 5. 27. **제조자명** | 마노컴퍼니 **제조국명** | 대한민국
전화번호 | 070-7606-8585 **사용연령** | 7세 이상

혼자서는 다 못 해

이유미 기획 | 김선민 글 | 신혜인 그림

오늘은 모둠별로 그림책을 완성하는 날이에요.
수업이 시작되자, 그림짱을 맡은 토리는
가장 먼저 모둠 책상에 가서 앉았어요.
토리는 미리 준비한 노트를 책상 위에 올려놓았어요.
노트에는 토리가 구상한 그림책 내용이 빼곡하게 적혀 있었어요.

마코는 수업이 시작됐는데도 모둠 책상으로 가지 않고,
자리에 앉아서 책을 읽고 있었어요.
그림책 만들기에는 관심이 없어 보였지요.

모둠 활동은 하기 싫은데….
다들 내가 의견을 내면 잘난 척한다고 생각하는 것 같아.

내가 생각한 대로 그림책이 만들어지면 정말 멋질 거야!
친구들도 마음에 들어 했으면 좋겠다.

"자, 이제 모둠별로 모이세요!"
선생님이 말하자,
토리네 모둠 친구들이 한자리에 모였어요.
마코는 느릿느릿 와서 남은 자리에 앉았어요.

"그림책에 우리 이야기를 담아 보는 거 어때?
우리 모두가 주인공이 돼서 괴물이 살고 있는 학교 지하실을 탐험하는 거야!
이건 내가 써 온 스토리야. 어때?"
토리는 밤새 스케치한 그림들을 보여 주며 말했어요.
말을 끝내자마자 눈을 동그랗게 뜨고,
모둠 친구들을 쳐다보며 친구들의 반응을 살폈어요.

"너무 복잡한 것 같지 않아? 어떻게 다 해 이걸?"
스케치들을 넘겨 보며 몬디가 말했어요.
몬디의 말에 다른 친구들도 고개를 끄덕였어요.
토리의 얼굴이 금세 어두워졌어요.

마코는 가만히 아이들을 지켜보았어요.
토리가 그려 온 스케치도 꼼꼼히 살펴보았지요.

완성만 되면 재미있을 것 같은데…
모둠에 그림을 잘 그리는 친구만 있는 게 아니라서
그리는 데 시간이 많이 걸릴 것 같아.

친구들이 마음에 들어 하지 않는 것 같아.
어쩌지?

"그럼 토리 말고 준비해 온 사람?"
피요가 친구들에게 물었어요.
몬디를 포함한 다른 친구들은 아무 말도 할 수 없었어요.
토리 빼고는 미리 생각해 온 친구가 아무도 없었거든요.
피요가 고개를 저으면서 말했어요.
"다른 의견이 없다면 토리의 계획대로 갈 수 밖에 없겠네."

피요의 말에 용기를 얻은 토리는 다시 그림책 내용을 알려 주고,
친구들에게 역할을 나누어 주었어요.
"나는 등장인물을 그릴게.
피요는 여기를 색칠해 주고 몬디는 이쪽 배경을 마무리해 줄래?
마코와 다른 친구들도 한 쪽씩 맡아서 배경을 색칠하면 될 것 같아!"

그림책 만들기는 결코 쉬운 작업이 아니었어요.
수업 시간이 거의 끝나 가는데도 토리가 원하는 만큼
제대로 완성한 친구들이 없었지요.
"아, 팔 아파!"
"언제까지 색칠해야 하는 거야?"
여기저기에서 친구들의 불만이 터져 나왔어요.

이대로 하면 완성시킬 수 없을 거야.
다른 방법이 필요할 것 같은데…
괜히 나섰다가 또 잘난 척 한다는 얘기를 들으면 어쩌지?

친구들은 힘들어 하는데, 완성은 멀었고…
생각만큼 잘 되지 않네…?
완성되면 정말 멋질 텐데….

그때 몬디가 색연필을 던지듯 내려놓았어요.
"이걸 완성하는 건 불가능해. 토리 너 그림 좀 그린다고 잘난 척 하냐?"
친구들 역시 몬디의 말에 고개를 끄덕였어요.

"아니야, 우리는 완성할 수 있어. 좀만 더 힘내자!"
토리가 애원하듯 말했어요.
토리의 두 눈에 눈물이 그렁그렁 맺혀 있었어요.
"토리 너는 엉터리 그림짱이야.
나는 처음부터 이렇게 될 줄 알았어!"
몬디는 계속 토리를 쏘아붙였어요.

그때 옆에 앉아 있던 마코가 입을 열었어요.
"나도 억지로 밀어붙이는 건 좋지 않다고 생각해."

마코의 말을 들은 토리는 훌쩍이기 시작했어요.
"미안해. 하지만 너희들과 멋진 그림책을 만들고 싶었단 말이야!"
토리는 울면서 교실을 뛰쳐나갔어요.
피요가 쫓아가서 위로해 주었지만 쉽게 진정되지 않았어요.

난 도와주려고 꺼낸 말인데. 또 내가 잘못했나 봐.
가만히 있을 걸.
그런데 그림책 만들기는 어떡하지?

아무도 열심히 하려는 내 맘을 이해해 주지 않아.
그림짱 하지 말 걸 그랬어….

토리는 혼자 비어 있는 미술실로 들어갔어요.
그러고는 미술실에 있는 재료들을 꺼내 그림을 그리기 시작했어요.
'혼자서라도 완성해야지….'
토리는 모둠 친구들의 캐릭터를 그렸어요.
온 힘을 다해 그림을 그렸지만 배경까지 그리지는 못했어요.

'열심히 준비한 토리의 노력을 물거품으로 만들 수는 없어!
지금까지 우리가 한 것도 아깝고.'
마코는 혼자 중얼거리더니 몬디에게 말을 걸었어요.
"몬디야, 우리 모둠이 그림을 완성하려면
만능 재주꾼인 네가 필요해. 도와줄래?"
마코의 말에 기분이 좋아진 몬디는 고개를 끄덕였어요.
몬디를 설득하니 다른 친구들 역시 도와주기로 했어요.
마코는 친구들과 함께 차근차근 그림을 그렸어요.
몬디가 적극적으로 나서니 훨씬 쉽게 진행되었어요.

그때 토리가 시무룩한 얼굴로 돌아왔어요.
"토리야, 어서 와! 이것 봐. 우리가 많이 해 놨어."
피요가 웃으며 토리를 끌어당겼어요. 토리는 책상 위의 그림을 보고 깜짝 놀랐어요.
"마코랑 몬디가 많이 도와줬어. 덕분에 빨리 완성할 수 있었어."
피요가 마코와 몬디를 다정하게 쳐다보며 말했어요.

토리는 자신이 그린 그림을 꺼냈어요.
친구들을 쏙 빼 닮은 캐릭터들이 환하게 웃고 있었어요.
"우아, 토리야 이거 나지? 엄청 똑같이 그렸네?"
몬디가 토리의 그림을 보고 감탄했어요.
친구들도 자기가 그려진 캐릭터를 보고 좋아했지요.

친구들이 만든 배경에 토리가 그린 캐릭터들을
오려서 붙이자, 멋진 그림책이 완성되었어요.
토리가 처음 세웠던 계획과는 달랐지만
모두가 힘을 합쳐서 만든 개성 있고 멋진 그림책이었어요.

친구의 잘못된 점을 지적해 주는 것보다
장점을 이야기해 주는 게 더 좋은 방법이구나….
친구들이 이렇게 좋아할 줄 몰랐는데.
이번에 열심히 참여하길 잘 했어.

멋진 그림책이 완성됐네.
그림짱으로 친구들의 의견을 더 잘 들어줬어야 했는데….
그래도 그림짱을 하길 정말 잘 했어.

완성된 그림책 속 토리는 맨 앞에 서서 지하실을 탐험하고 있었어요.
토리가 지하실에서 만난 괴물은 알고 보니
친구들을 찾다가 길을 잃은 것이었지요.
토리는 괴물의 손을 잡아주었어요.
"우리랑 같이 가자."

지하실에서 나온 괴물은
밖에서 보니 전혀 무섭지 않았어요.
토리와 친구들은 괴물과 손을 잡고
신나게 놀았답니다.

완성된 그림 책 속 마코는
지하실에서 혼자 있는 걸 좋아하는 괴물을 만났어요.
"혼자 있으면 상처받을 일이 없어."
쓸쓸하게 이야기하는 괴물의 손을 마코가 꼭 잡아 주었어요.
"함께 밖으로 나가면 즐거운 일이 많을 거야."

괴물은 마코의 손을 잡고 밖으로 나왔어요.
밖으로 나온 괴물은 마코의 친구들을 만났어요.
마코는 괴물에게 친구들을 소개해 주었답니다.

깊이
읽기

그 다음 이야기를 만들어 보세요

토리는 마코가 친구들을 설득했다는 걸 알게 되었어요.
토리는 환하게 웃으며 마코에게 다가가 말했어요.
토리는 마코에게 어떤 말을 했을까요?

마코는 그림책의 스토리가 마음에 쏙 들었어요.
마코는 그림책을 다 만들고 난 후에 토리에게 속마음을 털어놓았어요.
마코는 토리에게 어떤 말을 했을까요?

생각을 나눠 보세요

- 토리는 어떤 감정을 느꼈나요? 가능한 자세히 감정들을 발견해 보세요.

- 토리가 친구들의 충고를 듣고, 그림짱으로서 어떻게 행동하면 더 좋았을까요?

- 친구들이 그림책을 만들며 힘들어 했던 이유는 무엇이었을까요?

- 친구들의 도움으로 어려운 문제를 해결했던 경험이 있나요?

마코는 어떤 감정을 느꼈나요?
가능한 자세히 감정들을
발견해 보세요.

마코의 말 중
틀린 생각이 있었나요?
모두 틀리지 않은 말이었는데,
토리는 왜 마코의 말을 듣고
울며 뛰쳐나갔을까요?

어떻게 친구들은
마코의 말을 오해하지 않고
기분 좋게 받아들였을까요?

마코처럼
도움을 주려고 한 행동인데,
친구에게 상처를 주게 된
경험이 있나요?

Reading Guide

토리의 마음 읽기

리더 경험이 부족한 아이

앞에 나서서 친구들을 이끌어 본 경험이 별로 없는 토리가 새로운 그룹에서 그림짱이라는 리더가 되면서 겪는 심리적 상태와 변화, 성장에 초점을 맞추어 읽어보세요.

아이들은 또래관계 내에서 크고 작은 리더 경험을 통해 관계를 배웁니다. 자신과 생각이 다른 친구의 참여를 이끌어내고, 다양한 친구들과 힘을 합쳐 목표를 달성하는 과정은 아이의 성격에 따라 쉬울 수도, 어려울 수도 있습니다. 그럼에도 불구하고 이 경험이 모든 아이에게 필요한 이유는, 이 경험을 통해 아이는 자신과 다른 사람을 더 깊게 이해하고, 점점 더 크고 복잡한 관계를 다룰 수 있게 되기 때문입니다.

마코의 마음 읽기

다른 친구들이 유치하다고 생각하는 아이

좋은 의도로 한 행동과 말 때문에 늘 오해를 받아온 마코가 의도를 전달하는 방법과 과정도 중요하다는 것을 깨닫게 되는 것에 초점을 맞추어 읽어 보세요.

마코와 같이 또래에 비해 인지적으로 뛰어난 아이들의 경우, 친구들이 하는 행동이나 생각이 유치하다고 생각하는 경향이 있습니다. 그래서 친구들을 돕는다고 하는 말과 행동이 친구들을 무시하는 것처럼 전달될 때가 많습니다. 이런 경우 다양한 관계 경험을 통해 자기 중심성에서 벗어날 수 있도록 도와주는 것이 중요합니다. 자기 중심성에서 벗어나면 다양한 관점에서 생각해 볼 수 있게 되고, 그 속에서 공감능력도 발달하게 됩니다.